AF369579

VENTE DU LUNDI 27 AVRIL 1868

OBJETS

DE LA CHINE

ET DU JAPON

Me CHARLES PILLET
COMMISSAIRE-PRISEUR

M. FEBVRE
EXPERT

RENOU & MAULDE

IMPRIMEURS DE LA COMPAGNIE DES COMMISSAIRES-PRISEURS

Rue de Rivoli, 144.

CATALOGUE
D'OBJETS DE LA CHINE
ET
DU JAPON

VENDUS PAR CAUSE DE DÉPART DE M. E. X***

Porcelaines de la Chine & du Japon; Objets en
jade & en matières dures; Émaux cloisonnés;
Bronzes, Laques; Meubles chinois
& Objets divers.

VENTE

HOTEL DROUOT, SALLE N° 6

Le Lundi 27 Avril 1868

A DEUX HEURES PRÉCISES

Par le ministère de Me **CHARLES PILLET**, Commissaire-Priseur,
rue de Choiseul, 11,
Assisté de M. **FEBVRE**, Expert, rue Saint-Georges, 14,

CHEZ LESQUELS SE DÉLIVRE LE PRÉSENT CATALOGUE.

EXPOSITION PUBLIQUE

Le Dimanche 26 Avril 1868, de 1 heure à 5 heures.

PARIS — 1868

CONDITIONS DE LA VENTE

Elle sera faite expressément au comptant.

Les Acquéreurs paieront CINQ POUR CENT en sus du prix d'adjudication, applicables aux frais.

L'Exposition mettant les Amateurs à même de s'assurer de l'état des Objets, il ne sera admis aucune réclamation une fois l'adjudication prononcée.

DÉSIGNATION

DES OBJETS

Porcelaines de la Chine et du Japon.

1 — Vase de forme cylindrique de la dynastie des Myngs ; sujet très-curieux représentant des soldats et cavaliers chinois attaquant une forteresse.

Bonne pièce.

2 — Magnifique Vase de forme cylindrique ; fond bleu perse avec rehauts d'or, sur lequel se détachent, en émaux de couleurs, divers personnages suivis de leurs serviteurs.

Ravissant spécimen.

3 — Grande et belle Potiche en porcelaine ancienne, de forme ovoïde, ornée, en émaux de couleurs, de personnages chinois dans des paysages.

4 — Très-beau Plat en ancienne porcelaine de la Chine, décor de la famille Verte, avec fleurs et frises.

5 — Deux Bouteilles en porcelaine, fond rouge rubis.

6 — Deux Vases en porcelaine de la Chine ; fond rose gravé sous émail, décor de fleurs, de figures et de salamandres en relief.

7 — Porte-bouquets en porcelaine, fond céladonné et craquelé, avec palmettes bleues.

Pièce ayant la forme de deux vases accolés; anses à jour en biscuit noir.

8 — Vase, forme balustre, fond bleu perse, avec ornements dorés; anses à mufles de lions.

9 — Grand et magnifique Vase en porcelaine de la Chine; il est de forme cylindrique; fond bleu perse, avec rehauts d'or.

10 — Vase en ancien céladon craquelé avec ceintures et anses à mufles de lions en biscuit brun.

11 — Deux petits Porte-Bouquets, même genre que le précédent.

12 — Vase en ancien céladon craquelé, avec ceintures et anses en biscuit brun.

13 — Belle Potiche du Japon, décor avec paysage émaillé, au centre duquel est un cheval courant.

14 — Deux très-beaux Vases en porcelaine de la Chine, fond feuille morte, sur lequel des arbustes or, des oiseaux et rochers, noir et blanc.

15 — Grand Vase en porcelaine de Satzuma, décor d'arbustes en émaux de couleur sur fond blanc finement craquelé; anses détachées à jour.

16 — Très-beau Vase en ancienne porcelaine de la Chine à quatre pans; très-beau décor de fleurs émaillées, sur fond jaune lavé.

17 — Vase en porcelaine de la Chine, décor fond jaune, avec fleurs et arbustes en relief.

18 — Très-joli Vase en ancienne porcelaine de la Chine, orné de diverses frises rouges et vertes.

19 — Petite Bouteille en porcelaine, fond rouge rubis.

20 — Deux Jardinières en porcelaine de Satzuma.

21 — Une plus grande reposant sur trois pieds.

22 — Deux petits Écrans en porcelaine, décor émaillé représentant des meubles, des fleurs et des oiseaux.

23 — Vase cylindrique en porcelaine de la Chine; décor de paysages émaillés sur fond blanc.

24 — Plaque ronde en porcelaine de la Chine, ornée en relief d'un paysage en émaux de couleur.

25 — Trois Fragments en porcelaine antique de la tour de Nankin.

26 — Deux Statuettes d'enfants en porcelaine émaillée en couleur.

L'une avec restauration.

27 — Deux Vases en porcelaine de la Chine, de forme cylindrique, ornés de cartouches et de médaillons de paysage avec oiseaux perchés; fond rouge de cuivre.

28 — Coupe en porcelaine émaillée, décor de fleurs sur fond bleu lapis.

29 — Vase à grosse panse, entouré de sept frises d'ornements variés.

30 — Petit Vase en porcelaine de la Chine, décoré de fleurs et de poissons.

31 — Bouteille en porcelaine de la Chine, décor bleu et brun, avec biches dans des paysages.

32 — Vase cylindrique, décor émaillé, avec cavaliers accompagnant le cortége d'un empereur.

33 — Vase balustre en porcelaine de la Chine, décor en bleu, vert et rouge, avec tiges de pêcher dans un paysage.

Émaux cloisonnés de la Chine et du Japon.

34 — Charmante Jardinière de forme ronde et à côtes saillantes, en émail cloisonné de la Chine; beau décor de pâquerettes sur fond lapis; pieds formés par trois béliers accroupis en bronze doré.

Cette jardinière contient une plante dont les larges feuilles sont en jade vert moucheté translucide.

35 — Grand et beau Cornet en émail cloisonné de la Chine, décor de palmettes et de fleurs sur fond turquoise.

36 — Deux Jardinières à bords festonnés et à côtes en émail cloisonné de la Chine, décorées d'entrelacs et grecques en tons variés sur fond turquoise.

37 — Chapelet composé de 39 grains en émaux cloisonnés du Japon.

38 — Dix Boutons en émaux cloisonnés du Japon.

39 — Très-jolie Coupe en émail cloisonné du Japon; travail d'une grande finesse; au centre, un oiseau fantastique ayant les ailes déployées.

40 — Charmant petit Plateau en émail cloisonné de la
Chine, orné d'une frise de grecques sur fond lapis et
d'une autre frise à rinceaux sur blanc; au centre,
plaque rectangulaire, fond turquoise; le revers est
contre-émaillé.

41 — Bouteille à panse aplatie en émail cloisonné de la
Chine; en bas et au centre, deux frises sur fond jaune;
les côtés à plates-bandes, les panses et les cols avec
fleurs et rosaces en émaux de couleurs sur fond turquoise.

42 — Très-belle Gourde en émail cloisonné de la Chine;
sur chaque côté, des médaillons à personnages entourés
d'un encadrement à rosaces variées.

43 — Grande Gourde à trois panses en émail cloisonné
de la Chine; riche décor de frises, de ceintures et de
médaillons à fleurs, insectes et dragons.

44 — Belle Gourde à double panse, fond fleuri avec
courges sur turquoise.

45 — Grande et belle Jardinière en émail cloisonné de
la Chine; le tour représente un cours d'eau, où
croissent des plantes aquatiques autour desquelles
voltigent des insectes.

46 — Bouteille en émail cloisonné de la Chine, ornée de
médaillons et de ceintures en émaux de couleurs sur
turquoise.

47 — Très-beau Plateau en émail du Japon; dessin à
cachemire; travail d'une grande finesse.

Jades et Matières dures.

48 — Philosophe chinois debout; il tient le manche d'un parasol; statuette en jade blanc.

49 — Deux petites Tasses en jade vert translucide moucheté.

50 — Brûle-parfums en jade blanc moucheté de brun jaunâtre, orné d'une ceinture sculptée; anses à têtes de léopards.

51 — Petite Boîte à couvercle en jade blanc, ayant la forme d'une courge.

52 — Jolie petite Coupe en jade jaune miel.

53 — Autre Coupe avec petits canards en relief, sur une feuille de lotus.

54 — Petit Vase de forme cylindrique en jade blanc, orné de trois ceintures à feuilles d'eau.

55 — Personnage chinois assis; près de lui, deux enfants; groupe en jade blanc.

56 — Divinité bouddhiste en jade blanc; elle est assise les jambes croisées.

57 — Petit Rocher en prisme d'améthyste; belle matière.

58 — Petite Coupe en cornaline blanche, anses à jour; fracturée.

59 — Deux petites Tasses en jade vert moucheté.

60 — Groupe en calcédoine opaque, représentant deux personnages chinois accroupis; l'un tient un oiseau, l'autre une branche de pêcher.

61 — Autre groupe en même matière, faon près d'une biche.

Bronzes de la Chine et du Japon.

62 — Très-ancien Vase en bronze, toute la panse avec ornements gravés et dorés.

63 — Déesse représentée debout sur une tortue fantastique.

64 — Beau Vase en bronze de la Chine; décor niellé d'argent. Ce vase à la forme d'une feuille. Anses à jour et branchages.

65 — Vase d'une grande dimension en bronze de la Chine, à quatre pans; le bas avec riche décor d'ornements saillants; le haut évasé; anses à jour, avec têtes de serpents.

66 — Vase d'une fabrication très-ancienne, en bronze de la Chine; orné de neuf frises formant ceintures.

67 — Ting en bronze du Tonkin, de forme rectangulaire, orné de médaillons en relief en bronze doré, et aussi d'une grecque en argent incrusté; couvercle en bois, bouton en agate.

68 — Brûle-parfums, représentant un personnage chinois à cheval; pièces détachées.

69 — Deux grandes Chimères en bronze de la Chine, les pattes appuyées sur des boules à jour; l'une d'elles porte au cou une clochette.

Très-anciennes pièces ; mâle et femelle.

70 — Divinité bouddhiste, assise sur un trône.

71 — Très-beau groupe en bronze de la Chine, représentant, en ronde-bosse, une grande quantité de chasseurs dans un paysage. Bonne et curieuse pièce, avec cadre en émail cloisonné.

72 — Cornet en bronze japonais, incrusté de palmettes et d'ornements en filigrane d'argent.

73 — Petit Vase à anses mobiles, même genre de travail.

74 — Porte-bouquet en bronze de la Chine, offrant un tronc d'arbre et une fleur de nénuphar.

75 — Cornet en bronze du Tonking, décoré d'arêtes saillantes et aussi de palmettes en relief et dorées.

76 — Pièce à haut-relief, représentant sept groupes de combats de cavaliers, le tout exécuté en ronde-bosse ; Cire perdue.

77 — Six petits Groupes en bronze, enfants, sujets et animaux.

Seront divisés.

78 — Petit Vase en bronze incrusté d'argent.

79 — Coupe en bronze japonais, riches ornements et pélicans en argent incrusté.

80 — Boîte à jeu de forme ronde, en laque rouge de Pékin, riche décor de personnages chinois dans un paysage.

Laques.

81 — Deux très-belles Boîtes à huit pans en laque rouge
de Pékin ; avec médaillons en fil de cuivre ; riche
décor de fleurs en relief.

82 — Boîte en bois naturel, laqué.

83 — Un joli Brazero-fumoir en laque noir de la Chine,
muni de la petite pipe à fumer l'opium.

84 — Jardinière en laque noir doré, les coins avec co-
lonnes dorées.

Meubles.

85 — Magnifique Meuble ancien en bois naturel, riche-
ment incrusté de burgau ; ce meuble offre des com-
partiments à retraits entourés d'un grand nombre de
tiroirs décorés de médaillons de paysages en burgau ;
pièce une des plus belles connues en ce genre.

86 — Charmante petite Table à ouvrage, en très-beau
laque du Japon, fond aventuriné, avec ornements or
bruni représentant des paysages.

87 — Petite Table de forme rectangulaire, ornée d'une
frise à jour ; le dessus avec plaque en porcelaine de
Chine, ornée, en émail, d'un pêcher en fleurs.

87 bis — Autre Table plus petite, même genre que la précédente.

88 — Écran en bois sculpté, représentant en relief des scènes de la vie privée.

89 — Glace chinoise de forme carrée, avec support en bois sculpté et encadrement incrusté de burgau.

90 — Charmant Plateau ayant la forme d'une feuille en écaille laquée or ; au centre, des grues dans les airs.

90 bis — Autre Plateau plus grand, également en écaille, très-riche décor laqué or.

91 — Plateau en bois naturel, l'extérieur orné de fleurs et d'insectes en burgeau incrusté ; écoinçons en argent ciselé.

92 — Autre Plateau même genre, mais avec les ornements en relief.

Objets divers.

93 — Vase en ivoire, laqué d'or de plusieurs tons, avec sujets à personnages ; scènes diaboliques.

94 — Deux Chimères en bois sculpté et peint.

95 — Bel écran en pierre rouge onyx avec ville chinoise sculptée en relief prise dans une couche blanche ; support en fer et bois sculpté.

96 — Rouleau de papier avec peintures à personnages et caractères chinois.

97 — Petite Jonque chinoise contenant des personnages ;
pièce en bambou sculpté ; travail pris dans la masse.

98 — Petit Verre imitant le jade vert ; travail chinois.

99 — Coupe en verre imitant une matière dure, travail
chinois.

100 — Petit Vide-poche en argent.

101 — Corbeille en argent.

102 — Hareng en argent.

103 — Deux petites Coupes à anses mobiles, en pierre de
lard.

104 — Manuscrit d'un roman japonais enrichi d'un grand
nombre de femmes japonaises dans des attitudes ou
occupations diverses. Elles sont en costumes d'étoffes
variées et saillantes, le tout peint à la main avec le
plus grand soin.

105 — Bol en écaille en feuille.

106 — Deux autres plus petits.

107 — Quatre petites Tasses et leurs soucoupes, idem.

108 — Très-beau Groupe en bois de bambou sculpté dans
la masse : il représente un philosophe assis, entouré
d'enfants et de serviteurs.

119 — Douze Panneaux en soie avec peintures faites à la
main, représentant des scènes chinoises de la vie
privée.

110 — Douze rouleaux de papier de Chine avec décor
même genre.

111 — Un grand Panneau en papier chinois peint avec sujets et personnages.

112 — Selle japonaise en cuir, bois laqué et velours; harnachements en soie et passementerie.

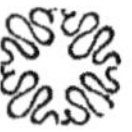

Renou et Maulde, Imprimeurs de la Compagnie des Commissaires-Priseurs, rue de Rivoli, 144.   13027

www.ingramcontent.com/pod-product-compliance
Lightning Source LLC
LaVergne TN
LVHW011023180726
843502LV00007B/2717